CB143285

DIREÇÃO GERAL: Fábio Gonçalves Vieira
CAPA E PROJETO GRÁFICO: i9 Design / Claudio Tito Braghini Junior
ILUSTRAÇÃO: Dave Santana
PREPARAÇÃO: Márcia Lígia di Roberto Guidin
REVISÃO: i9 Design / Tatianne Francisquetti

Este livro segue as regras da Nova Ortografia da Língua Portuguesa.

EDITORA CANÇÃO NOVA
Rua João Paulo II, s/n - Alto da Bela Vista
12.630-000 Cachoeira Paulista - SP
Tel.: [55] (12) 3186-2600
E-mail: editora@cancaonova.com
loja.cancaonova.com
Twitter: @editoracn
Todos os direitos reservados.

ISBN: 978-85-7677-777-9

© EDITORA CANÇÃO NOVA, Cachoeira Paulista, SP, Brasil, 2016

Entre Perigos e Descobertas

Márcio Mendes

Ilustrações
Dave Santana

Canção Nova
EDITORA

Era uma vez, quando as pessoas prestavam atenção aos conselhos que recebiam, dois jovens que se casaram e tiveram um filho.

O marido era um rapaz bondoso e excelente relojoeiro. Não havia máquina de medir o tempo que ele não pudesse fabricar ou consertar. Era tão bom mestre nessa arte que, para diferenciá-lo dos demais, chamavam-no carinhosamente de "o Grande Relojoeiro". Conhecia não só aquelas máquinas pelas batidas do ponteiro, como também a alma das pessoas pelas batidas do coração.

Se encontrasse alguém infeliz, punha-se logo a animá-lo e se apressava em dizer-lhe: "Tenha fé! Tudo pode ser consertado. Tudo pode ser melhorado". E insistia, com entusiasmo: "Com tempo, paciência e dedicação, não há nada que não possa ser resolvido". As pessoas que o ouviam se alegravam, e realmente melhoravam, porque suas palavras eram verdadeiras.

A moça era uma linda e gentil professorinha a quem não só os alunos mas toda gente amava. Não havia criança, adulto

ou velhinho que não se encantasse com o brilho de seus olhos e a doçura de sua voz. Sem sombra de dúvida, a vida era mais bela simplesmente porque essa moça existia.

O casal era extraordinário, o mais belo da região.

Não passou muito tempo até que lhes nasceu um filho. Era um menino forte e saudável. Contudo, à medida que o garoto crescia, seus pais ficavam cada vez mais tristes, pois se tornava claro que ele era muito diferente dos meninos de sua idade.

Gostava de ficar isolado. Não brincava nem fazia as travessuras que moleques costumam fazer. Raramente falava com alguém e, quando o fazia, usava poucas palavras. Gostava mesmo de sentar-se à sombra das árvores e, com um olhar distante, gastava seu tempo pensando. O problema é que ninguém conseguia descobrir em que ele tanto pensava. O que se passava por aquela cabeça era um mistério; e isso enchia seu pai de angústia e sua mãe de tristeza.

Havia pessoas que tentavam animar o jovem casal, outras se calavam, e houve até mesmo quem achasse que os pais deveriam internar o menino num hospital para ser tratado. "Pode ser um tipo de loucura, retardo, ou algo parecido", diziam alguns. Outros comentavam com maldade: "Gente, gente, pelo que tudo indica, esse pobrezinho não pensa em nada! Qualquer um pode ver que o coitado é um imbecil". E davam risadas.

Mas o relojoeiro, que nunca perdia a esperança, os repreendia com firmeza:

— Deem uma chance ao menino. O tempo mostrará por que ele age assim. Afinal, muitos homens extraordinários foram incompreendidos no passado.

Conversa vai, conversa vem, aconteceu o óbvio. O garoto acabou por ouvir uma dessas discussões, talvez a pior delas:

— O senhor pensou bem no que vai fazer, Sr. Vendeiro?

— Pensei. Já estou decidido. Agora, não volto atrás.

— Veja lá, meu senhor, que isso é muito sério...

O vendeiro se metia em tudo o que não lhe dizia respeito. E havia enfiado na cabeça que o garoto precisava receber um tratamento de choque para reagir. Dizia:

— Vamos tratar do rapaz quer os pais dele aceitem, quer não.

Porém, quando dois dos amigos do vendeiro descobriram sua intenção de levar o caso do menino ao juizado e forçar

uma internação, correram para encontrá-lo no bosque. A visita dos amigos o agradou muito. Mas não entendia aquela insistência para fazê-lo mudar de ideia. Afinal, todos concordavam que o garoto era um tanto estranho.

— Pense um pouco mais, Sr. Vendeiro. Pondere! Cuidado com as atitudes precipitadas...

— Precipitadas? Que atitudes precipitadas? O garoto está esquisito há muito tempo. Nossa pequena vila, que Deus nos livre, não tem que esperar primeiro o mocinho fazer bobagens pra depois tomar uma atitude.

— É uma medida muito radical... Dê outra chance ao rapaz, Sr. Vendeiro.

— Trata-se de uma família tão boa.

— Espere aí. Você mesmo disse, outro dia, que deixou de frequentar a casa dessa família porque ficava irritado ao ver

o garoto assim sem ninguém que tome uma providência. Disse, inclusive, que o menino possuía um ar abobalhado, como se vivesse num outro mundo. Acorde, meu amigo! Se os pais não agem, agimos nós.

— Foi besteira o que eu disse. Estava cansado e não pensei direito. Foi uma impressão tola.

— Outra coisa, Sr. Vendeiro. Internar uma pessoa tão jovem! Sei lá...

— Eu não entendo mais nada. Vocês sempre disseram que alguém precisava tomar medidas para o bem do rapaz e a segurança dos vizinhos.

— É verdade. Mas quando se trata de mandar prender o filho de um homem tão bom...

— Olha, Sr. Vendeiro, somos amigos há muito tempo. Eu não sou melhor nem mais esperto que ninguém. Mas acho que não é certo trancar um garoto só porque ele age de maneira esquisita.

— Pense nos outros garotos, Sr. Vendeiro. No desconforto que isso vai causar.

— Eles se recuperam.

— Então pense na sua imagem. Na má impressão que vai gerar. As crianças terão medo do senhor. À noite, dirão uma para a outra: "O vendeiro vem te pegar!"

— Mas isso é um absurdo! Seus palermas! Vocês estão falando como se eu fosse sequestrar o moleque. Hoje em dia, internar alguém é uma coisa normal. Tudo vai continuar na mesma.

— Como assim "continuar na mesma"?

— Nada vai continuar na mesma.

— O senhor não tem ideia da confusão que vai arrumar, Sr. Vendeiro! Depois disso, nada será igual.

— Vai mudar o quê?

— Bom, pra começar, o senhor não vai mais poder frequentar as nossas festas nem as nossas casas. Mulheres e crianças jamais voltarão a pôr os pés em sua venda.

— Nenhuma mãe admitiria isso. Talvez nem mesmo a sua, que Deus a tenha, se ainda estivesse viva.

— O senhor será detestado, Sr. Vendeiro!

— O quê?!

— É sério. O senhor será tratado pior que um bandido.

— Minha nossa! Estou chocado com vocês dois...

— Reflita, Sr. Vendeiro. Tenha calma. Espere um pouco mais...

— Deixe pra fazer isso daqui a umas semanas.

— Pense melhor, Sr. Vendeiro. O senhor se preocupa demais. Vai ver o garoto só está numa fase difícil. É um pobrezinho, sem noção, como tantos por aí. Essa decisão é muito séria. Deixe pra depois...

— Está bem, está bem. Já que vocês insistem... Vou esperar um pouco, mas não sei por quanto tempo. E vou ficar de olho nesse rapaz!

Assim que o vendeiro se afastou, os dois amigos cochicharam:

— Será que ele engoliu essa?

— Acho que sim. Pelo menos por umas semanas, ele sossega ...

— E poderemos ir à festa da Colina, semana que vem, nas terras do "Grande Relojoeiro", pai do garoto!

— Ideia cretina, essa do vendeiro. Tirar o menino de casa, dias antes da comemoração, quando não dá mais pra arrumar outro lugar. A família do rapaz cancelaria tudo. Como é que os dois iam dar uma festa com o filho trancado num hospital?

— A Colina do Oneiro nunca terá um casal que organize comemorações tão bem como os pais desse rapaz. Todas aquelas luzes! E as músicas? As carnes, bebidas, os doces. Hummmm! Nunca vi nada igual.

— Nem que eu tivesse que amarrar o vendeiro. Pela festa da Colina, vale qualquer esforço.

— Diga-me uma coisa. E quando a festa passar?

— Daí... O garoto que se cuide...

— Outra coisa.

— Fala.

— De onde você tirou aquilo? "O senhor será tratado pior que um bandido." Exagerado, hein?

— É. Mas deu certo, não foi?

Bastavam duas palavras para descrever a situação do garoto naquele momento. Foram as que ele usou após ouvir tudo isso por detrás das árvores:

— Agora ferrou!

I

O menino sentia-se terrivelmente triste.

Primeiro, encheu-se de perturbação com aquilo que escutara. Começou a se perguntar se era realmente alguém extraordinário, como seu pai dissera, ou se não passava de um mero imbecil. Depois, sua perturbação transformou-se rapidamente em aborrecimento. E o aborrecimento se agravou de tal modo que antes de a noite chegar já havia se tornado amargura.

Assim, aquele garoto teve de enfrentar a madrugada mais longa e triste de sua existência. Estava atormentado com a ideia de que alguém quisesse vê-lo num hospício e de que outros o chamassem de "imbecil".

Fazer algo a esse respeito tornou-se, para ele, questão de honra. Seguramente, até que decidisse o que fazer, não poderia ficar ali. De fato, havia risco. Estava mesmo em vias de ser internado por uma razão absurda. Não havia motivo sério — só a desconfiança de alguns e a maldade de outros.

Ah! Como lhe causava tristeza que seu pai tivesse que passar por tudo aquilo e ouvir comentários desagradáveis. E tudo por sua causa!

Mas como até mesmo a pior das noites chega ao fim, o dia amanheceu. Aos primeiros raios de sol, o rapazinho reuniu alguns mantimentos, preparou um jumento para viagem e o montou. Depois, tirou uma maçã do alforje e levou-a à boca com uma má vontade indescritível. Estava magoado, abatido e, apesar do desgosto que causaria aos pais, ele se foi.

Seguindo o curso do rio, pesado de tristeza e sem ter com quem desabafar, afastou-se de sua cidade. Ia resmungando pelo caminho:

— Mas que raiva! Você fica quieto em seu canto, não incomoda ninguém, e ainda assim aparece um excomungado pra acabar com sua paz. E ai de você, se reclamar! Se reclama, na mesma hora: "Vejam! Além de esquisito, agora ele também é rebelde... nhém-nhém-nhém, nhém-nhém-nhém". É difícil não ser estranho vivendo com gente detestável.

Enfurecido, o garoto apertou a maçã em sua mão e a jogou com força nos arbustos à beira do caminho. Mas o fruto errou as árvores e foi bater em outra coisa que não dava para ver bem o que era. Algo pareceu se mover em meio às sombras, e um silêncio esquisito pairou no ar.

— Tem alguém aí? Coisa estranha essa...

Apressou o passo, com medo de olhar para trás ou para os lados. Teve a nítida sensação de que, se olhasse outra vez para a mata fechada, corria o risco de topar com alguma coisa que o estava seguindo e vigiando, como se fosse uma assombração.

Viajou o dia inteiro. Até que, ao cair da tarde, desatrelou o jumentinho, sentou-se numa pedra às margens do rio e, cansado, afundou a cabeça entre os joelhos. Os grilos cantavam. O sol alaranjado faiscava seu fogo nas águas que corriam tranquilas.

Assim que a noite chegou, pesada de escuridão, um pescador surgiu de dentro da mata.

— Rapaz, o que você faz aqui sozinho no escuro? — perguntou, um tanto ríspido.

É certo que o garoto não gostava muito de falar. Mas como se sentia especialmente só e triste naquela noite, sentiu que uma conversa podia ser uma boa maneira de fazer o tempo passar e também de organizar as ideias.

— Estou muito chateado — respondeu o jovem. — Preciso descobrir se sou um imbecil ou um homem extraordinário. Então, me isolei para pensar.

— E você pensa nisso o dia inteiro?

— Tenho pensado nisso dia e noite.

— Sendo assim, nem é preciso fazer força pra saber que você é um imbecil — afirmou, categórico, o pescador espetando uma isca no anzol.

O garoto olhou para o pescador com um ar carrancudo e ofendido:

— Como pode afirmar isso sem ao menos me conhecer?

— Meu filho, homens extraordinários empregam seu tempo pensando em coisas úteis que ajudem seus semelhantes. Não desperdiçam a vida imaginando bobagens que só servem para mantê-los desocupados.

— Quem lhe garante que são bobagens? — resmungou o garoto bastante mal-humorado.

O pescador lançou o anzol na água e o encarou com firmeza:

— Há muitos anos pesco neste rio e já vi muitas coisas acontecerem neste lugar. Certa vez, há uns vinte e poucos anos, um boiadeiro passou por aqui a caminho de sua casa. Vinha tranquilo, com a mulher e o filho, em cima do carro de boi, que gemia. E como estava distraído, caiu num barranco com os bois, sua família e tudo mais. A mulher e o filho tentavam ajudá-lo, mas, em vez de escutá-los, ele sempre respondia: "Por favor, não me distraiam, pois agora eu preciso pensar". O tempo passava e ele nada fazia além de ficar ali, parado, ora pensativo, ora reclamando. Até que sua mulher perdeu a paciência, apanhou a vara de tanger e cutucou com força o traseiro dos animais, dizendo: "É inútil tanto pensar, homem de Deus, se, com o ferrão, seus bois você não espetar".

— Que coisa engraçada!

E o garoto soltou uma tremenda gargalhada que desconcertou completamente o pescador. Só que aquilo não era uma piada. Em seguida, o menino acrescentou:

— Ah, ah, ah... E os bichos? Saíram do buraco?

— Bastaram duas ou três cutucadas, e, veja só, logo estavam fora.

Ao dizer isso, o pescador quase sorriu, mas retomou rapidamente suas feições endurecidas. Depois continuou:

— Para descobrir se um pensamento é bom, não é difícil. Basta observar o que ele nos leva a fazer... E o seu, meu jovem amigo, não tem levado você a fazer nada.

— Eu ainda não tinha percebido as coisas dessa maneira — disse o garoto, envergonhado.

Mas antes que pudesse continuar, o homem interrompeu-o e, com voz rude, determinou:

— A mata escura não é lugar para mocinhos como você. Aliás, pareceu-me que havia no mato alguma coisa a rodeá-lo, e ao seu jumento, antes de eu chegar. Você não percebeu nada?

— Não... Não notei nada de errado — respondeu. E, um pouco assustado, inspecionou a floresta que o cercava.

— Então, esqueça o que eu disse... Agora saia, antes que seja picado por uma serpente ou algo pior lhe aconteça.

O jovem, pondo-se de pé, afastou-se. Parecia estar sempre no lugar errado, fosse em casa ou na vizinhança, fosse, por incrível que pareça, no meio do mato. Cansado, precisava encontrar um lugar para passar a noite.

Caminhou pensativo por um quarto de hora até a praça de um vilarejo. Sentou-se e colocou a mochila sobre um dos extremos do banco.

Foi quando sentiu a mão que o agarrou pelo ombro, com força. E uma voz igualmente pesada falou ao seu ouvido:

— Meu filho, o que fazes pela rua a esta hora da noite? Não vês como está escuro? — Dito isso, o vigilante noturno rodeou o banco e acomodou-se ao lado do rapaz.

— Estou com uma tremenda vontade de chorar! Se eu armasse um escarcéu, abrisse a boca e berrasse, acho que me

sentiria mais aliviado. Estava tudo tão bom, uma tarde tão agradável. E eu lá, quieto, no meu canto, sem incomodar ninguém. Mas algumas pessoas estão convencidas de que há algo errado comigo, de que ajo como um imbecil e vou causar problemas no futuro. Nunca pensei que ser um pouco diferente dos outros fosse algo ruim. A questão é que, agora, me sinto mal porque não sei se isso faz de mim um imbecil ou, como disse meu pai, alguém extraordinário — respondeu o garoto.

— A vida é boa contigo? — inquiriu o vigilante.

— É, acredito que sim. Meus pais me amam, o essencial não me falta, os vizinhos, lá do jeito deles, se esforçam para que me sinta acolhido, meus professores são gentis e pacientes. Logo... Sim, a vida é boa comigo.

— Certo. E costumas agradecer?

— Nunca pensei que isso fizesse diferença.

— Sendo assim, não há dúvida... És um imbecil — afirmou o vigilante. — Homens extraordinários sempre agradecem e jamais se esquecem do bem que lhes é feito.

— Agora essa! Até o senhor, Seu Guarda? Mal-agradecido, indiferente, posso até ser... Mas xingar-me de imbecil já é demais. Isso ofende, senhor!

— Se tu não és um imbecil, então não ajas como um — retrucou o guarda erguendo as grossas sobrancelhas. — Ora, rapaz! O homem que sabe agradecer torna-se amigo da vida e está sempre cercado de pessoas boas. Mas o que vive a reclamar gasta a vida reclamando. Ou tu não sabias que quem agradece abre seu coração a Deus, enquanto quem lamenta se fecha na amargura? Vou revelar-te um

segredo, meu caro: para quem escolhe ser alegre, coisas alegres sempre acontecerão.

— É uma ideia divertida. Mas será que funciona?

— Tu só vais saber se experimentares. Por que não tentas?

"Mal não vai fazer", pensou o garoto. Sem dúvida, é melhor ser alegre que ser triste!

Agradeceu o conselho e despediu-se aflito porque aquelas palavras o haviam incomodado. Saiu tão às pressas que o jumento tinha que trotar, se quisesse acompanhá-lo.

Dobrou, sem prestar atenção, a esquina de um vilarejo. Vinha com tanta pressa que topou com um escultor que dava os últimos retoques em sua obra de arte. O trambolhão foi tão forte que jogou o menino por terra.

— Calma lá, meu jovem! Aonde vai com essas pernas ligeiras e o rosto tão abatido?

— Mas que coisa! Você quer ficar quieto e cuidar do que lhe interessa? Só Deus sabe como as pessoas se intrometem! Que mal fiz eu para nascer no meio dessa gente? — O garoto apoiou os joelhos no chão e afundou o rosto entre as mãos.

“Isso só pode ser brincadeira!”, pensou ele com ironia. “Que maravilha essa vida! A gente mal começa a viver e já topa com coisas que fazem ter vontade de morrer!”

Então, levantou os olhos para o escultor e perguntou:

— Diga-me, meu senhor, como vou saber se sou diferente por ser um imbecil ou uma pessoa extraordinária?

— Você tem amigos? — questionou o artesão.

— Creio que não. Com exceção dos meus pais, não tenho certeza se há quem me queira bem. Na verdade, nunca fui de me preocupar com os outros nem de deixar que se aproximem muito de mim...

Ficou então em silêncio, mergulhado em alguma lembrança que durou muito tempo. Devia ser algo triste, pois seus olhos se encheram de lágrimas.

O escultor ficou comovido ao ver que o garoto sofria e também se emocionou. Mas, mesmo com dó, não pôde deixar de dizer-lhe a verdade. Por isso, respondeu:

— Meu jovem, não ter amigos é coisa de gente imbecil. Homens extraordinários não aceitam atravessar a vida sem ter seus amigos junto com eles. Pessoas extraordinárias trazem o coração cheio de bondade, preocupam-se com as outras pessoas, convivem com elas e as tratam com amor. Por isso, são queridas e respeitadas.

— Estou me sentindo muito triste neste momento — disse o garoto, suspirando.

— É uma pena! — lamentou o artesão. — Mas não é de admirar. Não há nada mais triste do que viver isolado. Não ter alguém com quem se possa contar é tão solitário... É o mesmo que habitar no deserto. Ninguém deveria ter que passar por isso.

— Sim... É o que começo a compreender...

E, antes que o artesão pudesse dizer mais alguma coisa, o menino retirou-se com os ombros caídos e os passos cansados. Pensava: "É sempre assim... Mesmo as pessoas boas dizem coisas que ferem e, depois, ficam nos fitando com esses olhos cheios de dó... Quem aguenta uma coisa dessa?"

Ele precisava descobrir onde passar a noite, pois a hora já ia avançada. No caminho, passou por um velho que se dedicava, com muito capricho, aos cuidados de uma plantinha.

— Ei, menino! — chamou, com voz rouca, o ancião. — Aonde vai, sozinho, a essa hora? Você deveria estar em casa, não vagando por aí.

Dessa vez, o garoto demorou para falar. Ficou meditando, em silêncio, e só respondeu vários minutos depois:

— Procuro um lugar para descansar. Estou muito chateado. Passei o dia tentando descobrir se sou um imbecil ou um homem extraordinário, e tudo o que consegui foi ficar ainda mais confuso e exausto.

— Bem, talvez eu possa ajudá-lo. Diga-me: você trabalha em quê? — perguntou-lhe o velhinho, ocupadíssimo em afofar a terra em volta de sua pequena árvore.

— Eu não trabalho em nada — respondeu o garoto.

— Ah, meu filho! Então, você é um imbecil — afirmou o velho. — Pois todos os homens extraordinários trabalham.

Os olhos do garoto faiscaram de indignação:

— Sinto muito, mas não vejo nada de extraordinário em levantar todos os dias e fazer sempre a mesma coisa, só para ter o que comer ou, simplesmente, porque é isso o que todo mundo faz.

Depois, aproximando-se, mas ainda indignado, perguntou:

— Que plantinha é essa que o senhor trata com tanto carinho?

— É uma jabuticabeira — respondeu o velho esparramando adubo em torno dela.

— Não está um pouco tarde para que um senhor na sua idade se dê a esses trabalhos?

— Ninguém é velho demais. E nunca é tarde o bastante para se fazer o que vale a pena, meu filho.

— E quanto tempo será preciso pra se comer alguma dessas jabuticabas?

— Uns quinze anos, talvez mais.

— E, velhinho como está, o senhor espera viver tanto assim? — resmungou o garoto, contente por revidar a provocação. Estava mesmo muito irritado porque o velho também o havia chamado de imbecil.

— Não, não acredito que vá viver todo esse tempo ainda, pois meus dias já estão perto do fim — confessou o ancião enxugando o suor que lhe descia pela testa.

— Viu como eu tinha razão? — ponderou, implacável, o garoto. — Trabalhar não é tão vantajoso quanto dizem. O que é que o senhor ganha, ao se desgastar dessa maneira com algo que nem mesmo irá desfrutar?

— Não lucro nada — respondeu o velho. — A não ser a certeza de que ninguém colheria jabuticabas, caso todos pensassem como você... É errado viver ocioso, meu filho, mesmo quando não se precisa do dinheiro ou não se vai comer do fruto. Até a vida mais bonita torna-se feia e sem graça nas mãos de um preguiçoso. Preste atenção e ouça o que a experiência ensinou a este velho: trabalho não é castigo nem desvantagem. Pelo contrário, é a maneira como, ao longo da vida, ajudamo-nos uns aos outros.

O garoto ouvia com atenção todas essas coisas, mas era com muito custo que elas entravam em sua cabeça. Tanto que as repetia, na esperança de, um dia, vir a compreendê-las: "Trabalho não é castigo, e sim a maneira como ajudamo-nos uns aos outros".

Donde vinha toda essa dificuldade? Sua relutância vinha do seguinte: desde muito pequeno, ele se acostumara a pensar que o mundo girava em torno dele e que as pessoas deveriam se empenhar em satisfazer os seus desejos. Era nisso que ele tanto pensava: em si mesmo. E, sem perceber, havia construído um mundo cada vez mais fechado que o mantinha longe das pessoas, impedindo-o de aproveitar as boas oportunidades que a vida oferece.

Sim, ele era assim... Contudo, havia muita bondade crepitando por baixo das cinzas de seu egoísmo.

— Atravesse a ponte, mas tome cuidado com a escuridão, pois hoje ela está particularmente fora do normal. Também ouvi boatos de que há alguma coisa estranha a rondar por aí. Um pouco adiante, encontrará um edifício, com um pequeno pátio, onde poderá descansar. E também um velho estábulo para o seu animal — disse-lhe o velhinho, encarando-o com olhos grandes e úmidos de compaixão.

II

Logo que chegou ao lugar indicado, o garoto cuidou de seu jumentinho e acomodou-o na velha cocheira. Em seguida, dirigiu-se ao pátio, encolheu-se em um canto, pôs as mãos sobre o rosto e chorou como nunca havia chorado antes. Sentia-se ferido, não se conformava em ser um imbecil. Todas aquelas figuras que ele havia encontrado, todas aquelas palavras que ouvira, tudo junto riscava o céu de seus pensamentos como flechas sem destino.

— E se eu estiver errado? Será que todos estão certos, menos eu? Tudo indica que algo precisa ser feito. Talvez eu possa ao menos tentar agir de maneira diferente.

Contudo... Uma vez que o mal trabalha a fim de manter as pessoas no erro e na tristeza, uma coisa muito estranha (na verdade, pavorosa) se deu naquela hora.

Quando o garoto estava prestes a decidir mudar os rumos de sua história, um gemido veio da escuridão. Lentamente, algo se levantou das sombras e, muito devagar, começou a rodeá-lo, ora gemendo, ora rosnando, até completar um círculo em volta dele. Assim que o círculo se fechou, o menino sentiu que seus pés ficaram presos ao chão.

Foi preciso que seus olhos se acostumassem com a pouca luz para ver que aquilo que o havia rodeado estava agora à sua frente. Era uma criatura antiga e horrenda, algo que parecia ter sido humano algum dia — um ser que reunia, em um só corpo, monstruosidade e frieza. Trazia, na mão, um cajado invertido, e um lobo gigantesco, com ares de assassino e olhos cor de sangue, rosnava ao seu lado.

A criatura parou diante do rapaz e, com uma voz falsamente adocicada, falou:

— Pobre menino! Tão jovem e tão incompreendido!

— Quem é você? — perguntou o garoto, arrepiado por um calafrio.

— Eu tenho muitos nomes, mas isso é o que menos importa agora. O fato é que há muito tempo acompanho-te, meu querido. Pelo caminho, vinha te seguindo. Tu não me vias, mas, à distância, observei tudo o que te disseram e vi tudo o que te fizeram, meu pobre rapaz. Ninguém tem o direito de tratar-te assim.

Por uma fração de segundo, seu coração quase se convenceu de que aquela coisa medonha talvez não fosse tão má quanto parecia. E, portanto, o menino decidiu desabafar:

— Sinto-me perdido.

A coisa monstruosa lançou sua proposta:

— Deixa, então, que eu te conduza e não te sentirás mais assim. Afastarei os que te perturbam. O que não te custará quase nada.

— Isso quer dizer que me custará alguma coisa. O que você irá exigir em troca?

— Algo muito simples: terás de confiar em mim e deixarás que eu tome decisões em teu lugar. Eu pensarei por ti, mostrarei o que deves fazer. Serei suave... E tu nem sentirás a minha presença. Ao contrário, pensarás que é a vida a te levar, mas... Serei sempre eu. Quanto a ti, deverás obedecer-me sempre.

O jovem, filho do bom relojoeiro e da bela professora, viu que existia algo além naquela escuridão. Existia, ali, escondida, uma maldade tão grande como nunca havia visto, sequer imaginado. Sentiu um aperto no peito e o medo da morte sufocou sua voz. Percebeu que, sozinho, não teria a menor chance caso aquele ser o atacasse.

Certo de que ninguém poderia enfrentar tão espessa escuridão sem um auxílio sobrenatural, elevou seu pensamento ao Céu e, do fundo de seu coração, fez o seguinte pedido: “Meu Deus, preciso de ajuda, venha depressa em meu socorro!”

Foi o que bastou para recordar as palavras que, certa vez, seu pai lhe dissera: "Meu filho, cedo ou tarde, o mal vem atrás de nós, disfarçado de coisa boa. Chega devagarzinho, na forma de uma ideia, um sentimento, alguém que promete resolver nossos problemas difíceis, sem nenhum esforço de nossa parte. Outras vezes, ele aparece em sua forma pavorosa, para nos causar medo e nos levar ao desânimo. Esse é o momento em que a pessoa precisa decidir o que quer: se vai ser do bem ou andar em companhia de coisa ruim".

Então, seu pai havia ficado um instante em silêncio, como que para refletir melhor sobre o que diria em seguida. Com um ar bastante sério, continuou: "Quando esse dia chegar, meu filho, lembre-se: você não deve se apavorar. Não faça o que o mal lhe disser. Ele tentará desviar você do caminho de duas maneiras porque é assim que ele sempre faz. A primeira é prometendo realizar os seus desejos. A segunda é fazendo você desanimar, por causa do medo. É enganando e amedrontando que o mal se apodera da vida das pessoas. Não caia em sua armadilha. Resista, e ele terá que fugir de você".

Animado por essa lembrança, o garoto sentiu uma força levantar seu coração. Recusou, com grande firmeza, as promessas de prazeres e de vantagens. Não aceitou as exigências, tampouco cedeu às ameaças daquele ser feito de sombras.

A coisa maligna usou todos os seus recursos para que o rapaz o aceitasse como seu guia e deixasse de lado as ideias de mudança. Mas foi em vão.

Assim que a velha criatura repetiu sua oferta, o garoto respondeu:

— Não! Não quero nada que venha de você, muito menos permitirei que pense por mim. Ao contrário do que alguns acreditam, não sou imbecil. Imbecil é quem abre mão do seu direito de pensar, tornando-se escravo de quem pensa em seu lugar.

E continuou:

— Sei que sou jovem, tenho muitas dúvidas e, na maioria das vezes, não sei o que fazer. Mas uma coisa é certa: jamais entregarei minha liberdade a ninguém, mesmo que isso custe a minha vida!

Ao ouvir essas palavras saírem da boca de um menino, o ser maligno percebeu que perdia suas forças e ficou muito confuso. Porém, como tinha grande desejo de possuir aquele moço, desistiu de despejar contra ele a sua fúria, não demonstrou o ódio que sentia e, de todos os modos, procurou agradá-lo. Ficou, então, à espera de um momento que fosse mais oportuno.

Passado algum tempo, ao notar que o rapazinho estava fraco de tão cansado, a criatura fez nova investida. Mas o garoto havia firmado sua decisão e recusou ainda com mais vigor. Então, a monstruosa criatura abaixou-se e consultou o lobo sobre o que deveriam fazer.

Foi somente nessa hora que o garoto compreendeu que não era o ser horrendo quem controlava o lobo, e sim o lobo quem lhe dava as ordens.

Após confabularem, a coisa monstruosa falou:

— Por mais que nós queiramos, jamais poderemos forçar-te a fazer o que não queres. Ouça bem, rapaz: se concordares em nos entregar o controle de tua vida, nós destruiremos

os teus inimigos e realizaremos todos os teus desejos. Mas, caso se oponha a nós, terás de arcar com as consequências.

O garoto balançou a cabeça demoradamente, em sinal de reprovação. Em seguida, levantou-a na direção daquela dupla infernal e, movido por uma coragem fora do comum, replicou:

— Garanto que nunca farei isso, jamais! Mesmo que me ataquem juntos, tentando destruir-me. Quanto a vocês dois, "coisa feia" e "cão sarnento", considero-os teimosos e estúpidos. Já me fizeram a mesma proposta por duas vezes. Não me ouviram dizer não? Com certeza o fizeram, mas vocês nunca desistem. Saibam, definitivamente, que jamais permitirei que me arrastem segundo sua vontade!

E assim dizendo, o garoto levou os braços à frente do corpo e arregaçou as mangas, diante das duas bestas, cheio de grande ousadia. Impulsionado por um desassombro que nem mesmo ele sabia ter, disse muitas outras coisas àquela dupla diabólica.

III

O lobo ficou confuso, não esperava por tamanha reação. Mas, logo em seguida, tomado por grande fúria, fez sinal à velha criatura para que se lançasse sobre o garoto e o dominasse. O ser monstruoso deu um salto em sua direção, tentou pôr as garras em cima do rapaz, que se esquivou. Finalmente, jogou todo seu peso em cima dele.

E como pesava! Tentou envolvê-lo de todos os modos, mas o garoto resistiu bravamente. Era uma luta terrível, de fazer tremer os mais valentes guerreiros. Também o lobo tentava atacar, mas uma luz se punha à sua frente e o impedia, como se alguém lhe bloqueasse o caminho.

O rapaz não se acovardou. Usou todas as suas energias, lutou feito gente grande — sua testa e seu rosto gotejavam de suor. Estava determinado a não se render, mas seu cansaço chegara ao extremo. Não sabia por quanto tempo ainda poderia suportar.

Foi quando ouviu uma voz, que em seu pensamento lhe dizia: "Quebra-lhe o cajado. Vamos! Quebra-lhe o cajado!" O garoto fez um esforço tão grande que um grito escapou de seus lábios:

— Aaaaahhh!

Deu um forte solavanco, e seus pés, que até então estavam presos, soltaram-se. Usando as últimas forças que lhe restavam, o jovem arremessou-se contra o inimigo. E antes que ele percebesse, chutou o cajado com tanta força que, num estalo ensurdecedor, ele se partiu. A criatura deu um berro desesperado:

— Isto ainda não acabou.

Tal como a cera se derrete ao calor do fogo e a fumaça se dissipa, aquela coisa monstruosa se esfumaçou e desapareceu.

Antes de cair desmaiado, por conta do esforço que fizera, o garoto ainda pôde ouvir o ganido estridente do lobo. Pôde ver também, em seu olhar enfurecido, a promessa de que retornaria para a vingança. E foi assim que os olhos cor de sangue desapareceram na escuridão, enquanto o jovem desfalecia esmagado sob uma grande fadiga.

IV

O sol havia nascido e um perfume cheio de frescor renovava os ares do dia. A manhã estava tão iluminada que parecia desmentir aquela noite de trevas.

Será que havia acontecido mesmo uma batalha ou tudo não passara de um sonho mau? Teria sido um pesadelo? Aquilo acontecera de verdade? Fora as dores no corpo e alguns arranhões, não havia sinais da luta grotesca. Esses e outros pensamentos corriam pela cabeça de nosso bravo lutador, que, agora, batalhava contra o sono. Estava na hora de despertar.

Os passarinhos, alegres e ruidosos, rasgavam o céu, em busca de comida. Ao longe, se ouvia o barulho do gado, os motores dos caminhões e os grupos de homens que se juntavam, num vozerio alegre, a caminho do trabalho. Realmente, um novo dia nascia e, com ele, uma incrível sensação de paz.

Mas perto, bem perto mesmo, outra coisa também se ouvia — uma voz feminina e doce sussurrava-lhe ao ouvido.

— Olá, mocinho! Não quis dormir em casa? Está tudo bem com você?

Ao abrir os olhos, o garoto deparou-se com um milagre. Era uma moça de gestos meigos e sorriso gentil. Era tão bonita que nem mesmo o sol, acostumado a tantas belezas, conseguia deixar de se maravilhar cada vez que iluminava o rosto dela com seus raios. O casal tinha aproximadamente a mesma idade.

Já sabemos que o garoto não gostava muito de falar, mas era impossível resistir aos encantos daquele anjo. A mocinha era como uma visita do céu, feito um abraço de Deus, daqueles bem quentinhos e macios que só quem ama sabe dar. Ela permanecia ali, à sua frente, e sorria à espera de uma resposta.

Coisa engraçada essa que acontece aos homens: o jovem filho do famoso "Grande Relojoeiro", que tão bravamente resistira na luta contra as feras, não conseguia resistir ao convite daqueles olhinhos meigos, ainda que quisesse. E foi assim, sem mais demora, completamente vencido pela ternura de uma mulher, que ele abriu seu coração:

— Ontem foi o pior dia de minha vida. Sou muito reservado e acho que as pessoas não gostam de mim. Perambulei o dia todo tentando descobrir se sou um imbecil ou um homem extraordinário. Só que as pessoas que encontrei disseram-me que não passo de um garoto estúpido e egoísta. Como se não bastasse, passei a noite lutando contra duas presenças malignas, nascidas da escuridão. Foi tudo tão real e, ao mesmo tempo, tão louco que agora não sei se isso aconteceu mesmo ou se não passou de um pesadelo.

A moça estendeu a sua mão delicada e a pousou sobre os cabelos do rapaz, depois o abraçou e o consolou. Então, o nó que mantinha seu coração amarrado e doente se desfez, deixando partir toda tristeza que o envenenava.

Essa foi a primeira vez que nosso herói amou alguém do mais fundo de seu coração. Pois ele amou aquela moça de verdade. E esse amor foi a cura para sua alma. Aquilo que, no coração do garoto, estava quebrado começou a ser consertado, e o que estava ferido começou a sarar.

É certo que, mais de uma vez, ele ficou emocionado. Porém agora suas lágrimas eram de alívio e paz, o tipo de lágrima que só faz bem.

O garoto, contudo, ainda não se tinha dado conta de sua transformação. Sem perceber, ele já não era mais o mesmo. Ele havia vencido a escuridão. Estava diferente: seu jeito de olhar, de falar, até mesmo a sua postura, tudo havia mudado.

V

É impressionante o que acontece a um jovem, quando toma a decisão de lutar e vencer as trevas. Na noite anterior, esse mesmo garoto era um simples "rapaz-quase-menino"; mal o dia amanhecera, e ele se tornara um "homem-ainda--rapaz". Foi assim que ele aprendeu que nem todas as dificuldades e lutas que cruzam a nossa vida são para nos destruir — elas servem, sobretudo, para nos tornar adultos. Às vezes os problemas estouram sobre nós não para nos derrubar, mas para nos fortalecer. Quem se recusa a enfrentar as próprias dificuldades não amadurece. Envelhece, mas não se torna sábio.

— Ontem — disse o rapaz à moça —, encontrei muitas pessoas com quem precisava desabafar, mas nenhuma delas foi tão gentil quanto você. Ao contrário, disseram prontamente que me achavam um imbecil.

A mocinha era uma mulher verdadeiramente especial, pois vinha de uma família que sofrera muito com as mentiras dos outros. Teve, por isso, que aprender a lidar com as decepções e a se proteger desde muito cedo. Ela desenvolvera, ainda criança, uma particular habilidade, uma espécie de intuição, que a fazia separar a verdade da mentira, o que presta do que não presta, e tudo isso com grande precisão.

Era muito esperta. Mais que isso: era verdadeiramente sábia para alguém tão jovem. Ela percebeu, com clareza,

que aquele rapaz era o mais sincero dos homens que já havia conhecido e sentiu por ele uma profunda afeição. Depois de refletir, ela lhe explicou:

— O que essas pessoas lhe disseram é a verdade. Convém que você pare de se preocupar somente consigo mesmo e pense também nos outros. Que ocupe sua cabeça com pensamentos generosos e úteis que favoreçam a todos, que seja grato e gentil, que se envolva com as pessoas que o cercam e, sobretudo, dê um sentido à sua vida.

— Elas foram muito duras comigo, isso sim!

— A seu modo, foram sinceras e tentaram ajudá-lo. Pessoas de bem são trabalhadoras e dedicadas. É natural que fiquem chocadas, ao topar com alguém que tem tudo para ser feliz desperdiçando a própria vida.

Ela segurou as mãos dele e continuou:

— Imagine como ficaram indignadas ao ver um jovem inteligente e saudável como você não querer se envolver com as pessoas e muito menos trabalhar. Elas perceberam que você pode ser o que quiser, desde que se dedique, mas estava vivendo a própria vida como um imbecil.

Então, os olhos do rapaz se abriram. E ele compreendeu que havia mais gente a seu favor do que imaginava. Entendeu, inclusive, que se alguém quer ter sucesso na vida não basta somente pensar, é preciso agir.

A moça disse ainda:

— Aprendo muito com meu avô. E ele costuma dizer: "Minha filha, ponha sua cabecinha pra pensar, aprenda tudo o que puder, adquira todo o conhecimento ao seu alcance. Mas, depois, pelo amor de Deus, arregace as mangas e faça alguma coisa! É preciso se levantar e agir".

VI

O dia estava excepcionalmente agradável. Os dois caminharam juntos e conversaram por um longo tempo, como nunca antes o garoto havia conversado com alguém.

Contudo, o rapaz não conseguia parar de pensar naquele conselho que o avô dera a sua neta. E ouvia palavras semelhantes ecoarem em sua mente: "Vamos, não fique aí parado! Faça alguma coisa acontecer!"

E ele fez:

— Meu pai é o "Grande Relojoeiro". Ele é um bom homem e o relojoeiro mais admirável que já existiu. Pedirei que me ensine o seu ofício.

— Só não faça nada pela metade ou malfeito — disse a moça. — Se seguir os passos de seu pai, que não haja relógios melhores que os seus. Não se contente até que estejam magníficos. É como diz o velho ditado: "Faça bem as coisas ordinárias da vida e será, então, uma pessoa extraordinária".

— Será que as pessoas vão acreditar numa mudança tão grande e tão rápida? — perguntou o garoto, meio sem graça. — Tenho quase certeza de que vão rir de mim e, mais do que nunca, achar que perdi o juízo.

— Eu penso que um homem de verdade não se guia pelo medo de ser incompreendido. Somente os imbecis desanimam assustados diante de gozações. Mostre do que você é capaz. Seja corajoso. Esta é a sua chance de agir de modo extraordinário.

A moça acompanhou o rapaz até as margens do rio. Estava uma tarde bem fresca, quase fria. Acenderam juntos uma pequena fogueira. E, ali, pertinho do fogo, fizeram um pacto de amizade. Prometeram que sempre pensariam um no outro e, tanto quanto possível, tentariam encontrar-se. A seguir, ele partiu.

VII

O rapaz estava tomado de alegria. Sim, ele estava muito motivado, muito mesmo!

No trajeto de volta para casa, encontrou novamente o pescador, que quase não o reconheceu, ao vê-lo caminhar tão senhor de si: o garoto havia perdido aquele ar sombrio e indeciso. O pescador, admirado, exclamou:

— Eis aí um rapaz feito homem! Agora, sim! Poderás enfrentar a escuridão das matas com os perigos que nelas há. Eu te cumprimento, meu jovem!

E, levantando a voz, o pescador o abençoou:

“Que os caminhos se abram à tua frente.
Que o vento sopre suave em tuas costas.
Que o sol aqueça ternamente o teu rosto.
Que a chuva caia serena nos campos de tua terra.
E até que nos encontremos novamente,
o Criador, nosso Deus, te proteja de todo mal
e te guarde na palma de sua mão.”

Depois, tirou o chapéu e fez uma vênia, em sinal de respeito.

"É curioso!", pensou o garoto. "Como essas coisas nos fazem pensar! A mesma estrada parece bem diferente, quando a gente, que na ida estava triste, agora retorna feliz. Tudo tem mais calor. Tudo é mais alegre. Até o pôr do sol causa mais felicidade que saudade, e antigos adversários, à beira do caminho, vêm estender a mão."

VIII

Mas quem dera tudo fossem flores...

Quando o sol tocou a linha do horizonte, algo sinistro aconteceu: os passarinhos se aquietaram, um silêncio mortal calou os barulhos do mato e até o vento cessou de soprar.

Subitamente, saindo da densa mata, um vulto negro cruzou a estrada e voltou a sumir na mata. Tudo aconteceu tão rápido que não foi possível ver o que era.

O jumento, que é um bicho mais esperto do que se pensa, logo deu sinal de que não se tratava de coisa boa. Ele tornou-se inquieto, arredio. Com muito custo, o rapaz conseguia que ele avançasse um ou dois metros. Quando o silêncio da estrada foi despedaçado por um uivo macabro... Daí, não teve jeito: o jumento empacou de vez. Não havia nada que o fizesse sair do lugar.

"E agora essa", pensou o garoto.

Contudo, antes que pudesse fazer algo, um golpe seco o atingiu pelas costas e o arremessou no chão com tanta violência que ele perdeu até a fala. Assim que recuperou o fôlego, viu que um terrível animal com dentes arreganhados e olhos em cor de sangue vivo o rodeava: era o lobo. Viera exigir o preço da vingança.

O rapazinho levantou-se bem devagar, cauteloso, e correu os olhos à procura de algo para se defender. Nada encontrou no chão, além de paus e pedras. Tomou nas mãos o primeiro galho grosso que encontrou. Girou-o no ar como fazem os gladiadores com suas espadas. Em seguida, abaixou-se, escolheu uma lasca de pedra em formato de faca e guardou-a no bolso da calça.

A fera e o rapaz começaram, então, a rodear um ao outro, à procura de um ponto fraco, esperando o momento propício para o ataque. O lobo arreganhou os dentes de modo ainda mais assustador. E suas grandes presas amareladas se projetaram como quatro mortíferos punhais — pareciam armas forjadas nas profundezas do próprio inferno.

O rapazinho segurou o galho feito porrete e mirou a cabeça do animal. O lobo gigantesco estendeu o focinho em sua direção e farejou, antecipadamente, o cheiro do sangue que pretendia derramar.

Um sentimento apoderou-se do coração do garoto. Não era medo. Ao contrário: algo o impulsionava rumo àquela batalha. O menino sabia que, terminada a luta, quando sua missão estivesse cumprida, até mesmo um mosquito poderia vencê-lo. Mas, até lá, sentia que nenhuma força deste ou do outro mundo poderia derrotá-lo.

O vento morno bateu contra o seu rosto e o suor gelado escorreu-lhe pela testa. O jovem respirou fundo, a fim de manter-se calmo. Daí falou:

— Está me achando com cara de idiota? De palhaço? Eu sei que, por trás dessa aparência de lobo, se esconde um ser de trevas que depende da escuridão para se manifestar e aterrorizar as pessoas. Mas você não conseguirá o que pretende. Desde pequenino ouço histórias que narram como um ser maligno vem de geração em geração atormentando meus ancestrais. E o mal que fez contra minha família e meu

povo vai acabar aqui e agora. Nem que, para tanto, eu tenha que dar a minha vida!

O garoto sentiu um calafrio correr por suas costas, ao perceber que havia, na cara do lobo, algo parecido com um sorriso malicioso de prazer. O que se seguiu foi ainda mais horripilante. O imenso animal soltou uns rosnados que se transformaram, pouco a pouco, em palavras:

— Roarrrrrrrrr... Essa é a última oportunidade que lhe dou de conservar a sua vida, moleque. Grrrrrrrrrr... Curve-se diante de minha vontade. Você não vai se livrar de mim assim tão fácil. Nem das correntes com as quais tenho amarrado você a mim.

O rapaz olhou para sua cintura e viu a grossa corrente de sombras com a qual o lobo maligno o mantinha ligado a ele.

O vento tinha se tornado intenso e castigava as árvores, jogando-as de um lado para o outro. Zunia violento em suas folhas, arrancando delas um som semelhante ao uivo de mil alcateias.

— Macabro.

A fera precipitou-se sobre o rapaz como um raio.

Sem dúvida, esse garoto tinha o Céu a seu favor. Do contrário, teria sido o seu fim. Então, reunindo todas as forças que possuía, as do corpo e as da alma, ele girou o porrete no ar e acertou o focinho do lobo com tanto vigor que lhe quebrou as presas e boa parte dos dentes.

O animal babou sangue da cor do petróleo.

Depois, sacudiu a cabeça, atordoado. E atirou-se novamente contra o rapaz, mais uma vez derrubando-o.

Com os dentes que lhe sobraram, atacou suas pernas, mãos e braços, procurando, a todo custo, atingi-lo na garganta.

O garoto, bastante machucado, sentiu que corria perigo de morte. Sacou a faca de pedra de seu bolso e apunhalou a fera repetidas vezes no coração.

Duas coisas aconteceram nesse momento: a corrente de sombras se partiu, e o lobo, mortalmente ferido, foi tragado pelo chão e desapareceu.

Nada restou, no local da luta, além de uma faca de pedra com manchas escuras que o garoto guardou cuidadosamente. Guardou-a, a fim de jamais se esquecer de que existem forças espirituais que combatem os que querem abandonar o caminho do erro. Guardou-a para recordar que as forças do mal sempre podem ser vencidas, desde que se peça a ajuda de Deus para resistir e lutar contra elas.

IX

E assim o menino, que fora tomado por imbecil, voltava, agora, para sua casa, para seus pais e sua gente, portador de uma coragem, de uma força e de um conhecimento extraordinários.

Ele havia enfrentado a morte, fora testado ao extremo numa batalha contra o inimigo diabólico e saíra vencedor. Por não ter cedido ao mal, nem mesmo sob o pretexto de salvar a própria vida, tornou-se uma pessoa extraordinária.

Como o jumento havia se apavorado com a luta e fugido, nosso herói precisou de algum tempo para encontrá-lo. Pobre animal: assim como o garoto, ele passara por maus bocados!

Sem perder nem mais um minuto, o garoto montou seu companheiro de viagem e seguiu. Com sorte, chegariam a sua casa logo ao amanhecer.

X

No outro dia, apesar de ferido e de ter passado a noite inteira no lombo de seu jumentinho, o rapaz sentia-se revigorado e alegre. Logo teria a oportunidade de honrar a confiança que seu pai sempre depositara nele.

O fato é que esse rapaz estava muito longe de ser um imbecil, coisa que qualquer um poderia ver agora.

Quando ainda estava a certa distância de sua casa, apeou do jumento. Seu pai o avistou e foi tomado por uma grande alegria:

— É o meu menino quem vem lá? Onde você estava, meu garoto, filho que todo pai gostaria de ter?

Correu ao seu encontro e, muito emocionado, abraçou-o e cobriu-o de beijos.

O rapaz respondeu, com respeito:

— Ó meu pai! Meu amigo e defensor! Eu só lhe tenho dado preocupações. Perdoe-me, por ter agido mal, perdoe-me por ter saído assim, às escondidas... Eu estava tentando... Eu só queria...

E contou-lhe tudo o que acontecera. O pai, vendo-o todo sujo e ensanguentado, gritou para os empregados:

— A estrada que meu filho percorreu para se livrar de um mal antigo estava minada pela velha criatura e pelo lobo assassino, criaturas tenebrosas que, no passado, perseguiram nossa família e atormentaram a Colina do Oneiro.

Mas, bendito seja Deus, nenhum deles conseguiu confundir o meu garoto e arrastá-lo para a terrível escuridão! Agora que esse mal foi vencido, a maldição está quebrada.

Não poderia ser diferente: no caminho para a libertação, sempre se encontram armadilhas, dificuldades e tentações. São elas as terríveis manobras das trevas para tornar miserável a vida daqueles que são bons...

E o pai gritou com alegria:

— Preparem um banho. Tragam remédios e uma roupa limpa. Avisem à mãe dele que vamos fazer uma grande festa. Pois acabamos de reaver nosso filho que estava perdido. Algum mal podia ter-lhe acontecido, mas a Divina Providência o manteve são e salvo.

Quando a mãe viu o menino, seus olhos encheram-se de lágrimas:

— Meu filho, por que você fez isso conosco? Olha, seu pai e eu estávamos angustiados, à sua procura.

Então ele explicou-lhe o que havia acontecido. Ela o ouviu e achou aquela história um tanto incrível. Porém, o que mais importava é que seu garoto havia voltado para casa e estava bem.

Ela o abraçou demoradamente:

— Ah, meu amor, meu querido! Como eu gosto de ouvir a sua voz e olhar o seu rosto! Eu não suportaria a ideia de perdê-lo. Desde o primeiro momento em que você entrou em nossa vida, seu pai e eu parecíamos uns tontos, tanta era nossa alegria. Você jamais poderá imaginar o quanto nós o amamos e do que seríamos capazes para protegê-lo.

XI

O rapaz tomou um belo banho, lavou-se de toda sujeira e do sangue e se perfumou. Depois, abraçou sua mãe e foi tão atencioso, tão cheio de amor, que ela mais uma vez ficou emocionada. Em seguida, dirigiu-se ao pai e pediu-lhe:

— Eu lhe peço, meu pai, que me dê uma oportunidade para que todos possam conhecer que tipo de filho o senhor tem.

O pai pôs de lado um grande relógio no qual trabalhava, depois sentou-se e pediu ao filho que chegasse mais perto. Abraçando-o, deu sua palavra de que qualquer oportunidade que o garoto desejasse lhe seria concedida.

— Quero aprender todos os segredos de seu trabalho, meu senhor. Apenas isso.

Seu pai ficou muito contente. Nada lhe dava mais prazer do que as horas aplicadas em revelar ao filho as sutilezas de sua profissão.

O moço dedicou-se de tal modo que, em pouco tempo, seu trabalho tornou-se mais conhecido que o de seu pai. Ganhou o respeito de muita gente. Passaram a chamá-lo de "o Pequeno Grande Relojoeiro".

Com sua maneira acolhedora de tratar os mais próximos, conquistou o amor de clientes e vizinhos. Seus relógios se tornaram famosos por sua beleza, precisão e qualidade. Pessoas vinham de países distantes só para adquirir seus produtos.

O Sr. Vendeiro continuou a observar o garoto por um bom tempo, até que se deu por vencido e admitiu que se enganara.

Também ele aprendera a lição. Às vezes, aquilo que nos assusta não tem poder de nos causar mal algum, já que nem sempre as coisas são o que parecem. E, para que o vendeiro não esquecesse o ensinamento, sempre havia alguém que passava por ele, meneava a cabeça e dizia:

— De agora em diante, tome cuidado para não julgar as pessoas pelas aparências.

Quanto ao garoto, acontecia que, de vez em quando, ele sentia vontade de desanimar, mas a lembrança de sua amiga o reconfortava. Quando percebia que a antiga tristeza e o desejo de se isolar voltavam, quando notava que a vontade de abandonar o trabalho e se afastar de todos se tornava mesmo muito forte, ele subia no jumentinho, seguia o curso do rio, encontrava a sua amiga e passavam juntos um dia maravilhoso.

Ele, então, abria a alma e contava-lhe seus sofrimentos e angústias. Ela, por sua vez, ouvia-o com toda paciência, depois o consolava e o punha animado outra vez. Fazia todas essas coisas com prazer, pois, em seu coração, já o amava profundamente.

O rapaz pôde notar que o seu sofrimento diminuía sempre que sua amiga estava com ele. Somente não imaginava que aquela mocinha, um dia, seria sua mulher e mãe de seus filhos.

XII

Mas isso já é uma outra história. A história do tipo de amor mais belo que um ser humano pode experimentar: o amor entre um homem e uma mulher. Um dia falaremos sobre isso, e eu lhe contarei coisas preciosas a esse respeito.

Por enquanto, gostaria que você soubesse que tudo isso se deu há muitos anos. Os tempos mudaram, mas as pessoas continuam a cometer erros semelhantes: fecham-se em si mesmas, desperdiçam o próprio tempo e não se ocupam em construir amizades verdadeiras.

Não gosto de insistir sempre no mesmo ponto. Mas o risco de viver triste, abandonado, é tão grande, e as pessoas andam tão desprevenidas quanto a isso que, peço desculpas, vou tomar a liberdade de insistir dessa vez. E, portanto, direi:

Meu querido, minha querida, atenção! Escolha bem seus amigos. Mas escolha com um cuidado ainda maior a pessoa com quem, um dia, você pretende se casar. Pois não há nada mais triste e solitário do que estar ao lado da pessoa errada, tendo de conviver com quem não nos dá valor.

Sim, você deve escolher sempre que puder! Há muita gente que sofre porque não sabe o que quer, nem com quem deve ou não deve se envolver. Ou, quando sabe, não vai à luta para que os seus sonhos se transformem em realidade.

Fica só sentada, pensando: "Como seria bom se tal coisa me acontecesse... Como eu seria feliz se tal negócio desse certo para mim..."

Outro dia, a exemplo desse garoto, também eu encontrei um velhinho que me falou sobre isso. O senhor que encontrei não plantava jabuticabas. Estava sentado às margens do rio e observava o sol avermelhado, colorindo as suas águas. Na cintura, via-se uma lasca de pedra manchada de preto. A lasca tinha o formato de uma faca. Depois de conversarmos um pouco, ele me disse:

— Preste atenção, meu rapaz, e ouça o que a experiência ensinou a este velho. A nossa vida resulta do que escolhemos fazer com ela. Viver como um imbecil ou como uma pessoa extraordinária está sempre em nossas mãos. Mas você será somente aquilo que escolher ser.

Desde muito jovem, Márcio Mendes sonhava em ajudar as pessoas a serem felizes. Aos 14 anos começou sua carreira para ser piloto da Força Aérea Brasileira. Ele amava o céu infinito, a liberdade dos pássaros em seus rasantes, e ficava encantado com a possibilidade de fazer as manobras mais radicais em sua aeronave. Porém, o motivo que o fazia querer voar era ser piloto de busca e salvamento, para resgatar os que se perdiam nas selvas ou se machucavam longe dos hospitais.

Hoje ele é casado e tem dois filhos maravilhosos. Descobriu que escrever é um instrumento muito útil para curar o coração das pessoas e já ajudou muita gente com seus mais de dois milhões de livros vendidos.

Twitter: @marciomendescn

Facebook: www.facebook.com/marciomendescn

Dave Santana nasceu em 13 de julho de 1973, em Santo André-SP. Desde criança sempre cultivou a paixão pelo desenho. Como caricaturista e ilustrador de várias editoras e diversas publicações, tanto no Brasil quanto no exterior, desenvolveu versatilidade no traço. Em 2006, foi contemplado com a menção Altamente Recomendável FNLIJ pelas ilustrações do livro "Histórias do Brasil na poesia", de José Paulo Paes, publicado pela Global Editora. Em 2011, teve o privilégio de participar da exposição Linhas de Histórias, um panorama do livro ilustrado no Brasil sob a curadoria de grandes expoentes da ilustração brasileira.
Dave tem se dedicado cada vez mais à produção de trabalhos autorais, sempre valorizando a ilustração como uma maravilhosa forma de contar histórias por meio de imagens. Dentre seus diversos trabalhos publicados pela Global Editora estão "O pequeno crocodilo", em 2009; "Galo bom de goela", em 2011; e "Caiu na rede é peixe". Dave também ilustrou livros de grandes autores, como "O outro Brasil que vem aí", de Gilberto Freyre; "Os escorpiões contra o círculo de fogo", de Ignácio de Loyola Brandão; e "Sequestro em parada de Lucas", de Orígenes Lessa.

entreperigosedescobertas.cancaonova.com